AF330492

Lettre de Jacques Bonhomme

à Messieurs les Députés

AMOUR SACRÉ

DE

La Patrie

LETTRE

DE

JACQUES BONHOMME

À MESSIEURS LES DÉPUTÉS

—

« Amour sacré de la patrie! »

———

Situation de la France en 1872. — Nos hommes politiques.

Brignancourt, 2 janvier 1872.

Messieurs les députés,

Pendant que l'hiver durcit les chemins et les champs, et qu'il laisse à mes bras un peu de répit, j'ai envie que ma chandelle ne brûle pas pour rien, et de coudre avec vous un brin de politique.

Cette humble chandelle, que j'ai allumée pour voir net dans mes affaires, n'éclaire pas loin, mais juste.

Si je suis un pauvre savant, comme vous le pensez, mon intérêt m'a rendu prudent et sage, même perspicace. Puis, j'ai un frère plus âgé que moi, qui a voyagé à travers les villes d'Europe et d'Amérique; il a beaucoup vu, beaucoup retenu, et environ une fois l'an, il vient s'asseoir à ma table de bois, manger des pommes de terre au lard, boire un verre de piquette et causer avec moi. Quoique paysan, je sais écouter, et, à sa visite de la semaine dernière, j'ai ouvert mes oreilles plus grandes que de coutume. Je n'avais pas tort, comme vous allez voir.

Je vous raconterai sa conversation à ma manière, bien entendu, et je vous l'écrirai tant bien que mal. —Puisque nous avons le droit de pétitionner, n'ai-je pas le droit d'écrire?

« L'heure présente est grave et sombre, me disait mon frère François; elle est grosse d'événements, et elle accouchera vers le *renouveau*. Mon cher Jacques, la France s'en va, la France est morte ou le sera demain, si l'on n'y met bon ordre et si l'on ne se hâte de guérir la plaie qui la fait *échanger de vie à mort*. Tu n'auras pas besoin de faire ton testament, on le fera pour toi et sans toi.

« O grands politiques ! ô penseurs profonds ! où êtes-vous, quand tout s'écroule autour de Jacques Bonhomme ?... Où êtes-vous?... J'ai beau abaisser ma main sur mes yeux ; comme la sœur Anne du conte d'enfant, *Je ne vois rien venir.* Non, rien !... personne !... Ceux qui ne sont pas sourds, ont l'air de se faire aveugles ; les journaux eux-mêmes se taisent. Ne savent-ils pas ? n'osent-ils parler ? Ne sentent-ils pas que nous sommes à la veille suprême de périr, et qu'il faut prendre une résolution énergique pour sauver des griffes étrangères le patrimoine de Jacques Bonhommes ? »

Eh bien ! messieurs les Députés, je veux rompre un silence que tant d'autres ne devraient pas garder. Vos discussions au haut de la montagne vous empêchent de distinguer ce qui se passe au bas, et vous n'apercevez pas Jacques Bonhomme et son frère François, bras dessus bras dessous, s'entretenant des dangers qui menacent notre pays.

Ni lui, ni moi ne sommes poltrons, mais pourtant nous avons peur,... peur pour nos toits de chaume, pour nos moissons et nos vignes, et peur aussi pour vous, Messieurs les Députés.

Voilà pourquoi je vous écris.

Sauvez le patrimoine de Jacques Bonhomme, qui vous aidera. Ne vous aide-t-il pas déjà en portant sans murmure le poids d'impôts qui lui brisent l'é-chine ? Habitué à payer depuis Jules César, il consent encore à payer sa liberté.

Ne délibérez pas, je vous en conjure : l'étranger est à nos portes,... il est chez nous,... il fait par dessus ses lunettes hypocrites les yeux doux à plus d'une de nos fertiles provinces...

Ne délibérez pas, agissez !

L'heure est passée de gazouiller de beaux et mélo-dieux discours sur l'amandier de la droite, sur le saule du centre et sur le prunier de la gauche. Chansons que tout cela ! Il faut démasquer hardiment et prompte-ment les complots et les machinations des hommes politiques d'occasion, de métier, d'industrie, qui sont les chevaliers de leurs intérêts personnels, au lieu de prendre en main l'intérêt du pays.

« Ces gens-là, continuait mon frère François, nous ont mis à deux doigts de notre perte, et si les députés de la nation les laissent faire, ils nous achèveront. Diplomates de hasard, devant qui les niais ôtent leur bonnet, ils savent tromper, mentir, étouffer leur honneur sous les honneurs ; ils sourient, dansent, ne pensent jamais ce qu'ils disent et ne disent jamais ce qu'ils pensent. Leurs aimables talents coûtent chaque année quelques millions que paye la famille de Jacques Bonhomme. »

Congédions ces grands hommes de salon, ces parasites grugeurs, qui ont pour gages la nourriture de tant de pauvres Jacques Bonhomme ; chassons-les en attendant que, grâce à vous, Messieurs les Députés, nous puissions nous débarrasser du diplomate d'au-delà du Rhin, de ce flegmatique qui calcule, qui agit, qui est devenu pour l'Allemagne le *chancelier du destin* et qui s'appelle Bismarck !

Jacques Bonhomme a dans ce moment deux plus grands ennemis encore, deux complices ou deux compères du chancelier du destin, ce sont les Kaïserliks allemands et les Lazzarone italiens, les mangeurs de choucroute et les avaleurs de macaroni.

Oui, nous sommes menacés par le macaroni et la choucroûte; et Jacques Bonhomme, qui vous a confié ses intérêts, vous prie de sauver sa marmite, où bout sa soupe aux pommes de terre et aux poireaux.

Un jour que ma récolte avait été meilleure que de coutume, j'achetai, sur mes économies, une histoire où notre bon président de la République raconte comment la Prusse avait été battue a Iéna et à Eylau en 1806 et 1807. Cette lecture m'intéressa fort, car le vainqueur, c'était moi!

Les vaincus avaient gardé dans leur cœur, pendant plus d'un demi-siècle, le souvenir amer de leurs défaites, et ils méditaient de s'en venger. Cette nation finoise apporta à cette résolution une patience savante et la ténacité de la rancune, elle inonda mes villes et mes bourgades de ses ouvriers, de ses ingénieurs, de ses oisifs même, qui, durant soixante années, envoyèrent à Berlin des notes sur les mœurs, l'industrie et la situation géographique de Jacques Bonhomme. J'accueillais avec bienveillance ces gens-là qui tous les jours me donnaient le baiser de Judas.

J'avais oublié les lauriers d'Eylau et d'Iéna ; vous savez quel fut mon réveil !...

On arracha mes enfants à la charrue, à l'atelier, on les habilla en soldats et on les jeta à la mort sans expérience, sans pain et presque sans armes, pendant un hiver dont Dieu sembla avoir voulu doubler la rigueur, pour punir Jacques Bonhomme de sa crédulité et de ses sottises.

Ce malheur est l'ouvrage des grands hommes de salon, des politiques de hasard et des parasites dont je vous parlais plus haut.

Sur la foi de leur habileté et sur la foi des anciens traités, je me dorlottais en paix dans mon domaine, pendant que, en 185., la Prusse, qui louchait pour regarder la France à l'ouest et la Russie à l'est, crut le moment favorable pour accomplir ses desseins et réaliser le plan, qu'elle avait silencieusement et profondément médité, de constituer la famille allemande. Elle se mit résolûment à la tête du mouvement germanique.

La Prusse eut raison, Jacques Bonhomme avait eu tort.

Mon frère François prétend que, si j'ai de l'esprit, je ne m'en sers qu'à mes dépens, pour amuser les autres, qui en profitent, au lieu de l'employer à savoir où je vais, où l'on me mène: que je ne fréquente pas assez l'école, que l'ignorance est l'esclavage, et que l'instruction est la force et la liberté.

Patience, habileté calculée, astuce, rien ne fut oublié par Bismarck, qui avait son plan, pour élever une nation, âgée d'un siècle à peine, au-dessus des autres puissances européennes.

Oui, Bismarck avait son plan, et, pour atteindre son but, il a su attendre, tromper, et, comme on dit chez nous, ménager la chèvre et le chou, sauf à faire plus tard un vaste pot-au-feu du chou et de la chèvre.

Il a marché audacieusement vers ce but *per fas et nefas*, ce que mon ami le vieux procureur traduit ainsi : « par dieu et par diable.» —Mais le rusé ministre en donna une autre traduction, qui était un défi jeté à la civilisation du XIXe siècle : « *la force prime le droit.* »

La force prime le droit !... Cela fut dit et soutenu à coups de canon, pendant que les autres nations, jalouses de la France, se croisaient les bras et contemplaient d'un œil sec et d'un cœur froid le désastre effroyable de Jacques Bonhomme.

Comment le chancelier de Prusse arriva-t-il à coucher Jacques Bonhomme tout meurtri sur son propre sol ? et comment nos hommes politiques dormaient-ils si paisiblement sur l'oreiller que Bismarck bourrait de plumes caressantes ?

Le voici :

Il ne redoutait ni la Russie, ni l'Autriche, ni l'Italie, ni l'Angleterre ; son souci, son unique souci, c'était Jacques Bonhomme et sa famille, dont il se rappelait la vigoureuse poigne.

Or, pendant que je ruminais comment je rentrerais en possession de mon lopin de territoire perdu en 1815, pendant que je m'amusais à l'idée d'aller bientôt pêcher des truites saumonées dans le Rhin, qui jadis était la limite naturelle de mon domaine, Bismarck faisait une visite *discrete* à son compère Gorthschakoff.

« Excellence, lui dit Bismarck, vous êtes l'auteur d'un mot superbe : *la Russie se recueille*. C'est en se recueillant qu'on arrive à ses fins ; c'est en se recueillant qu'on recueille.

« En ce moment Jacques Bonhomme, le seul que nous ayons à craindre, vous et moi, tresse ses filets pour pêcher prochainement dans le Rhin ; nous pouvons donc causer ensemble de nos affaires. Vous voudriez bien, n'est-ce pas, avoir Constantinople ?

— Un peu, répondit·le prince Gorthschakoff, qui sortit de son recueillement.

— Eh bien ! si je vous aidais dans vos desseins, je me mettrais sur les bras ce gros orgueilleux de John Bull, cousin de ce chenapan de Jacques Bonhomme, puis les Lazzarone, puis les Kaïserliks, les Hidalgos, les Ruy-Blas et tant d'autres.

— Comment faire, alors ? objecta le ministre russe.

— Laissez-moi agir, répondit Bismarck. Voici mon plan : Je bats l'Autriche, qui sera isolée, et je bats ensuite Jacques Bonhomme, dout le chef de file m'a promis sa neutralité, si je lui cède les bords du Rhin. Soyez neutre aussi, et je vous promets les provinces danubiennes. Surtout, enveloppez-vous d'une pelisse de renard, recueillez-vous encore, et vous devenez maître de l'Orient. Nous déchirons les traités de 1815.

— D'accord, répondit Gorthschakoff, qui se frotta les mains. »

Bismarck retourna à Berlin et se dit : « Voila deux bonnes neutralités d'assurées. »

Qui fut pris à l'hameçon ? mon chef de file, comme l'avait deviné mon frère François.

Sachant que l'ingratitude est l'indépendance du cœur, l'infatigable Bismarck va trouver l'Italie et lui dit : « Veux-tu être mon amie ?

— *Volio bene*, répondit l'Italie.

— Depuis trop longtemps, la France fait parler d'elle, et son Jacques Bonhomme est d'un orgueil intolérable. Sois neutre, et la France est perdue.

— *Volio bene*, répèta l'Italien en souriant. »

De son côté, la Prusse, dès lors certaine de deux neutralités et d'un allié, se disait à elle-même : « Pendant que Jacques Bonhomme attend les truites du Rhin, l'Autriche sera le taureau que j'attaquerai par les cornes, et Victor-Emmanuel se pendra à la queue. »

Or, il advint ce que tout homme intelligent aurait prévu. L'Autriche, écrasée, capitula et abandonna à la Prusse les provinces allemandes de son empire, sauf le duché de Vienne.

L'Italie, sa complice, pour récompense de ses services, reçut de la main libérale de Napoléon III la province de la Vénétie.

Vous le voyez, messieurs les députés, Jacques Bonhomme, qui s'était promis de pêcher dans le Rhin des truites saumonées, comprit alors, mais un peu tard, qu'il avait pêché en eau trouble, lorsque Napoléon III, tendant la main à la Prusse, lui dit : « Les bords du Rhin, s'il vous plaît ? — Viens les prendre, » répondit la Prusse, qui rentra en souveraine dans les provinces rhénanes que, par frime, elle avait évacuées pour tromper Jacques Bonhomme ou plutôt son chef de file.

J'acceptai les conséquences de cet affront, et, quand mon chef de file, connaissant ma vaillance, fit appel à mon honneur, j'eus la faiblesse de n'être pas trop mécontent. Aussi, de tous les points de mon patrimoine, de ville en ville, de hameaux en hameaux, on n'entendit plus que ce cri de ralliement : « à Berlin ! à Berlin ! »

Mais, au lieu d'aller à Berlin, j'ai vu les Prussiens entourer les murailles que notre bon président de la République avait fait construire, sans se douter qu'elles seraient si utiles à quelques politiques de date récente, si inutiles au peuple héroïque qui les a défendues.

John Bull se disait : « Mon cousin Jacques Bonhomme,
malgré l'eau salée qui nous sépare, est gênant par ses
prétentions croissantes, et ce ne serait point un mal
qu'il reçût une petite correction. »

Les Kaïserlicks me seraient peut-être venus en aide
s'ils n'avaient été tenus en respect par le double bec
entr'ouvert de l'aigle russe.

Quant aux Lazzarone, qui se grattaient encore le
cou que j'avais débarrassé du collier germain, ils se
montrèrent libres en se délivrant de toute reconnais-
sance envers moi ; et leur ingratitude se donna même
des airs coquets d'indépendance.

Pour Bismarck, pendant que dans l'enceinte de
Paris, je mangeais du pain noir, il tirait de temps en
temps une couronne impériale de son portefeuille de
chancelier et la montrait à ses soudards.

Qui ne fut pas content de la situation ? John Bull,
parbleu ! « Ces gaillards de Prussiens vont trop vite en
besogne, pensait-il, ils marchent d'un pas trop accé-
léré. Une fois Jacques Bonhomme muselé, je resterai,

à la saison uouvelle, seul dans mon île, et je n'aurai que ma marine à opposer anx Prussiens, qui d'ici à un an changerout en navires leurs casques pointus. »

Aussi, tremblant dans sa chemise de matelot, John Bull ourdit à son tour des intrigues avec l'Italie, à qui il tint à peu près ce langage : « Si nous nous entendions, ma bonne amie? Tu adores le parmesan, j'aime le chester ; parlons cuisine, car la politique, c'est de la cuisine..... plus ou moins propre. Nos intérêts seront communs, puisque nous avons les mêmes appétits et les mêmes ennemis.

« Mon cher Lazzaroni, continua John Bull, prenons-y garde, ou la Russie ou l'Allemagne nous englobera l'un et l'autre, si elles le peuvent, si nous ne veillons à notre sécurité. Quant au pauvre Jacques Bonhomme, la division entre ses enfants prépare sa ruine et son anéantissement.

« D'ailleurs, toi, mon cher Lazzaroni, tu es l'héritier direct des races latines, et il est temps d'en finir avec cet impertinent Jacques Bonhomme, qui depuis des siècles impose au monde entier ses mœurs, ses modes, ses livres, ses théories économiques, etc. Puisqu'il ne sait pas être le maître chez lui, puisqu'on se chamaille en son domaine, entendons-nous. Tu reprendras la ville éternelle, et Paris redeviendra Lutèce... un grand village. »

Le Lazzaroni souriait, et John Bull continua :

« Pendant que Jacques Bonhomme, accablé sous le nombre de ses ennemis, se défend avec rage, épanouis-toi dans le midi de l'Europe, ajoute à ton domaine l'Espagne et le Portugal, tes sœurs latines.

« Compte sur tes doigts : Italie, vingt cinq millions d'habitants ; Espagne, seize millions ; Portugal, quatre ; en tout une cinquantaine de millions, qui, ajoutés aux trente millions de John Bull, forment un chiffre respectable pour arrêter les prétentions excessives des vainqueurs ou de leurs alliés les Russes. »

L'Italien profita du conseil : il glissa adroitement Amédée, un des siens, sur le trône d'Espagne qui avait été la cause apparente de la guerre entre Jacques Bonhomme et les Allemands.

Cela me rappelle une certaine fable, où deux voleurs se disputent un âne : au fort de leur querelle survient un troisième larron, qui enfourche le baudet et court encore.

Durant de si beaux discours, je fus terrassé, brisé, meurtri, payant encore et toujours, donnant à l'Allemagne victorieuse plus d'or qu'elle n'avait mis de plomb et de fer dans la chair de mes enfants, afin de conserver le reste de mon patrimoine, d'où le sabre diplomatique de Bismarck avait détaché deux de mes belles provinces : la Lorraine et l'Alsace...

A ce malheur imprévu, à cette honte vint s'ajouter l'onéreux tribut de cinq milliards !...

Voilà, messieurs les Députés, ce qu'on a fait de mon riche domaine ! Le voilà démembré de nouveau, pour la quatrième fois !...

Le mal est encore réparable pour Jacques Bonhomme, si vous voulez comprendre le péril, le prévoir et le conjurer ; si vous êtes vraiment, messieurs les Députés, les représentants d'une République qui se relève, non d'une République qui tombe. A l'œuvre donc ! ou dans quelques mois, dans quelques jours peut-être, mon patrimoine est perdu.

A l'heure présente, celle où je vous écris, il s'agit

pour moi d'être ou de ne plus être, et pour la France d'être ou de ne plus être la France.

Au lieu d'agir, que fait-on?

Les partis s'agitent, et chacun vient tour à tour me dire de sa plus douce voix : « Jacques Bonhomme, prends mon ours. »

L'ours de celui-ci est blanc ; — l'ours de celui-là a le poil fauve ; — un troisième montre sa robe un peu bigarrée de couleurs ; — et un quatrième est souillé de sang.

Mais je ne veux ni ours ni maître : je suis citoyen, et je le resterai envers et contre tous.

Pourquoi ne suivons-nous pas l'exemple de nos ennemis, qui sont tous rangés et disciplinés sous le même drapeau, sous la même volonté?

Voyez notre faiblesse, et considérez leur force, qui vient de leur union.

Bismarck commande aujourd'hui à quarante millions d'Allemands, nation laborieuse, économe, qui a pour étoile polaire l'unité allemande, pour gouvernail sa foi en Dieu et en son roi, et pour pilote Bismarck.

Ce peuple ne court pas, il marche et ne s'arrêtera

pas en si bon chemin ; sa victoire sur Jacques Bonhomme n'est que le commencement de la fin, comme on dit dans mon village.

Malgré ses succès, chèrement achetés, il sait que, s'il n'est pas le maître de Jacques Bonhomme, il ne peut s'emparer des débouchés nécessaires à son agrandissement.

Ces débouchés, messieurs les Députés, vous les avez devinés sans doute, s'appellent la Hollande et la Belgique, qui doivent lui donner, au nord, l'empire de la mer Baltique, et au sud Trieste et Venise, ces deux portes de la Méditerranée.

Quelle puissance pourra barrer le passage aux vues ambitieuses du grand-chancelier ?

Est-ce la Russie, à laquelle il avait, pour prix de sa neutralité, promis par un traité secret les provinces danubiennes, qui sont la clef du Bosphore ? Comme il avait berné Jacques Bonhomme, il va berner le Tzar. Quand le prince Gortschakoff réclame les bords du

Danube, il lui répond : « Va les prendre, mais je te le défends.

— Cependant, prince (Bismarck était devenu prince pour m'avoir battu), c'était entre nous une bonne et solide promesse.

— J'en conviens, répond Bismark, mais, en politique, promettre et ne pas tenir, c'est tout un. »

L'Autriche humiliée, Jacques Bonhomme trompé et battu, reste donc la Russie, qui est trompée déjà et qui sera battue demain, pour avoir compté sur la délicatesse et la bonne foi du *Chancelier du destin*.

Bismarck, qui sait que le temps vaut des milliards, sait aussi qu'il faut forger le fer quand il est chaud.

Il va trouver François-Joseph, ce bon jeune homme :

« Sire, lui dit-il à brûle-pourpoint, vous et Jacques Bonhomme, je vous ai réduits à acheter piteusement la paix. Par le rapide succès de mes armes, j'ai frappé d'étonnement et de terreur l'Angleterre, les autres petits États ; et la Russie elle-même a sué d'épouvante

sous son manteau de neige. Il me serait facile main-
tenant de vous prendre de force les dix millions d'Allemands qui vous restent, qui sont, d'ailleurs, un
obstacle au repos de votre empire, au milieu de vos
États disparates. J'ai préféré, en bon voisin, vous
convaincre de la nécessité de me les donner vous-
même bénévolement. Je vous offre en compensation..... »

On le voit, messieurs les Députés, Bismarck promet
toujours, offre toujours... le bien d'autrui, et il dispose
des peuples comme d'un troupeau de moutons. Imi-
tant le loup de la fable, il endosse la casaque du ber-
ger et mène les moutons à la boucherie ou à la servi-
tude. Pourquoi les peuples se laissent-ils faire? et,
puisque la force prime le droit, pourquoi ceux qui ont
le droit pour eux ne s'arrangent-ils pas pour être les
plus forts?

Mais j'ai interrompu Bismarck ; laissons-le conti-
nuer :

« Je vous offre en compensation, dit-il à François-

Joseph, toutes les provinces danubiennes, promises autrefois à la Russie, il est vrai, et je vous en garantis la possession, ainsi que celle de la Hongrie, de la Bohême et de la Croatie.

« Notre ennemi commun, sachez-le bien, c'est l'aigle russe. Il faut lui rogner les ailes et les ongles et le rejeter au delà du Volga et de l'Oural, si nous voulons vivre en paix chez nous. Ce ne sera pas pour nous une lourde besogne : cinquante millions d'Allemands résolus, unis aux quarante-cinq millions des provinces du Danube, de la Croatie, de la Bohême et de la Hongrie, présentent un chiffre formidable et une armée immense. Ce sera à notre tour de dominer l'Europe entière et peut-être le monde. »

A cet exposé simple et hardi, François-Joseph répondit timidement : « Vous comptez un peu trop sans l'Angleterre et l'Italie? »

— Majesté, répliqua Bismark en souriant, que cela ne vous inquiète pas ! J'ai tout prévu. L'Italie est dans mon jeu, car je l'aide et je l'aiderai à faire de Rome sa capitale et à se débarrasser du Pape, qui lui pèse fort sur les bras, et qui, soit dit entre nous, est notre plus grand ennemi, à vous comme à moi.

« L'Angleterre, Sire, est encore plus empêtrée que la France ; jugez-en plutôt :

« Si la Russie est battue par nous, ce qui est inévitable, ajouta le chancelier du destin, elle redevient puissance asiatique, et se rejette sur les Indes pour se dédommager et reconstruire sa fortune. Pensez dans quel pétrin sera l'Angleterre !

« D'un autre côté, moi maître de la Hollande et d'une partie de la Belgique, et vous siégeant à Constantinople, nous anéantissons la puissance maritime de John Bull.

— Mais, Excellence, ajouta François-Joseph, et la France ? et Jacques Bonhomme ? Ne peut-il pas, en se relevant de ses désastres par un suprême effort, tendre la main à la Russie ?

— Oh ! la France ! répondit Bismark, elle est finie, bien finie ; elle ne s'en relèvera jamais. J'ai pris mes mesures en conséquence : si elle ose bouger et qu'elle se risque à nous attaquer à dos au moment où nous en serons aux mains avec la Russie, je lance contre elle l'Italie.

— Comment! l'Italie ! s'écria naïvement le souverain des Kaïserliks, n'est-elle pas la sœur de la France ?

— Vous faites de la sentimentalité, Sire, et vous oubliez qu'en politique, il n'y a que des intérêts et point de sentiments.

« L'Italie, qui jalouse Paris, veut ou voudrait faire de Rome la reine des nations latines, et, dès que la lutte s'engagera entre la Russie et nous, elle revendiquera Nice et le duché de Savoie, sans compter *le midi de la France*, qui lui servira de trait d'union avec l'Espagne.

—*Et le nord de la France*, Excellence, qu'en ferez-vous?

— Ceci est mon affaire, Majesté ; mais, comme nous sommes, j'espère, de bons alliés, je n'ai rien à vous cacher à cet égard.

« Mon plan est bien simple : je vous l'ai dit, le midi de la France appartient de droit à l'Italie et à l'Espagne. Pour le nord, je crois convenable de lui conserver son autonomie, à condition qu'il soit placé sous la tutelle germanique; et, pour compléter notre bonne police, j'y adjoindrai les cantons suisses français et une partie de la Belgique. Le tout formera un état qui prospérera sous l'administration paternelle du prince Frédéric-Charles, s'il en a le temps, ou de tout autre : car ce ne sont pas les princes qui manqueront chez nous. »

Oui, crédule Autriche, crois-en ton bon ami Bismarck, et tu sauras bientôt, comme tes deux cousins de France et de Russie, ce que valent ses promesses et son amitié. Oui, tu iras à Constantinople ainsi qu'il te l'a promis, mais il y sera arrivé avant toi, et il t'offrira le lacet que les sultans envoyaient autrefois aux vizirs.

Après ce tableau net et sinistre de la France et de l'Europe, je regardai mon frère François avec des yeux d'épouvante; il m'avait donné la fièvre, et mes cheveux hérissés avaient déplacé sur ma tête mon bonnet de coton. Ma chandelle même faillit s'éteindre.

Dame! pensai-je, il ne s'agit plus, à cette heure, d'écorner le patrimoine de Jacques Bonhomme, mais de le piller.

La France est donc, messieurs les Députés, l'*enjeu* (entendez-vous? l'enjeu!) de la lutte gigantesque prochaine qui va s'engager sur les rives de la Vistule, de l'Oder et du Danube. Chaque balle, chaque boulet, chaque éclat d'obus sera *indirectement* dirigé contre la poitrine de Jacques Bonhomme. Eh bien! j'aime mieux les recevoir directement, en connaissance de cause, pour mon salut.

Que faire? me direz-vous; et par où commencer? Eh, morbleu! par le commencement. Il faut courir au plus pressé, à se défendre, non-seulement contre l'étranger, mais contre l'élément hostile et étranger qui nous paralyse chez nous.

Que faire? groupons-nous autour de l'homme qui consacre sa verte vieillesse à relever la France de ses ruines et à la replacer au premier rang des nations civilisées, qui vous criait tout haut hier encore, avec

une énergique prière : Plus de partis, messieurs les
Députés, unissons-nous, soyons la France.

Le Président vous recommandait, messieurs les Députés, de ne pas me flatter en me trompant, et il ajou-
tait ces magnifiques paroles : « Ne traitez pas le peuple
« en enfant, mais en homme fort et en honnête homme,
« qui peut entendre le raison, qui veut la justice. »

Oui, digne Président, je veux la justice et j'entends
la raison, et j'ai applaudi de cœur à votre patriotique
discours, où vous suppliez les partis de renoncer à
leurs petites vanités.

Grenouilles, attendez, pour demander un roi, qu'il
reste au moins de quoi faire un royaume ; alors, si le
soleil de la liberté vous effraye, vous choisirez ou le
soliveau ou le héron ; mais, ce jour-là, vous aurez à
compter avec Jacques Bonhomme, qui vous dira : —
J'ai sauvé la République et je la garde. Si cela vous
fâche....

Derrière les partis, messieurs les Députés, qu'y a-
t-il ? Des noms propres, quand ils sont propres. Je suis

fatigué d'être spectateur de luttes, dont je paie toujours les pots cassés. On en casse trop. Heureux serai-je encore si demain il me reste de quoi payer, puisque l'étranger me menace et va tout dévorer, mon droit d'être libre, qui me vient de Dieu, et mon sol natal, où reposent les tombeaux de nos ancêtres.

J'ai été et je suis la victime des ignorants, des ambitieux à petits pieds, amoureux d'habits brodés et de galons ; la victime de nos jeunes gens d'aujourd'hui, dits de *bonne famille* (comme s'il y avait de mauvaises familles), qui se *bombardent* grands hommes avant d'avoir de la barbe au menton, et s'imaginent qu'il suffit d'avoir le bec enfariné de grec et de latin pour être préfet, ministre, voire président de la République, pour avoir l'intelligence et l'expérience des affaires, pour oser être *quelque chose* avant d'être *quelqu'un*.

N'êtes-vous pas de mon avis, messieurs les Députés ?

Ne vaudrait-il pas mieux faire de ces sigisbées de clubs et d'antichambre des êtres utiles à la société, des charpentiers, des cardeurs de laine, des forgerons, etc., etc.?

Il est nécessaire aussi, je crois, d'en finir avec ces *vieux moutards* de tous les partis, plus dangereux peut-être que les gamins politiques, parce qu'ils ont l'air, au premier aspect, d'être moins ridicules. Abrités sous leurs cheveux blancs, du haut de leurs greniers ou de leurs lambris dorés, ils rêvent de jouer au ministre, à l'ambassadeur, au financier, plutôt que de retourner à l'école. Le dédain des gens de bon sens ne les entame pas, et ils semblent ne pas se douter qu'ils font pitié.

Ils sont morts, qu'on les enterre !

Envoyons aussi à tous les diables les politiques sentimentaux, gens, du reste, fort empétrinés de leur grandeur fortuite, et ceux qui se disent citoyens de l'humanité, qui ont un cœur cosmopolite, pour se dispenser de toute vertu civique et domestique, et ceux encore qui avaient l'art de se cacher dans les bureaux de ministère afin de profiter du danger que couraient les vrais citoyens.

Arrière ces parasites ! Arrière ces charançons !

Messieurs les Députés, changez votre bâton d'épaule, s'il n'est pas sur la bonne, ralliez-vous autour du drapeau national, celui de Jacques Bonhomme ; et, si vous agissez ferme et droit, la France est sauvée.

Nous ne serons pas seuls : nous aurons pour alliés notre courage et notre volonté.

N'imitez pas, de grâce, ces neveux de comédie, qui tâtent le pouls à leur-oncle, guettant l'heure où ils doivent hériter ; n'entravez pas notre Président, à qui le danger de la patrie souffle une jeune énergie, qui a imposé silence à ses sentiments personnels devant l'intérêt général, et soyez français avant tout, c'est-à-dire ennemis de l'étranger, qui est là, menaçant, terrible, inévitable.

Méfiez-vous des toasts officiels et des sourires diplomatiques, de ces coquetteries perfides de chat qui joue avec la souris avant de la dévorer. Aidez le président de la République à mettre au faîte des administrations, des hommes et non des enfants de tout âge, des hommes de tête et de cœur, expérimentés et de science pratique. Voyez plutôt en Allemagne : les gouvernants n'attendent pas les gens de mérite ; ils vont les chercher et leur confient les intérêts du pays.

Assez de bonshommes d'opéra-comique et de vaudeville ! Comme le dit mon vieil ami La Fontaine, dans la fable du *Paysan du Danube* : « Retirez-les, on n'en veut plus. »

Que notre Président fasse appel à Jacques Bonhomme et à tous ses enfants ! Tous, au nord comme au midi, à l'est comme à l'ouest, nous nous déracinerons du sol, pareils à des arbres, pour former une forêt compacte, qui marche en avant, une armée invincible qui arrêtera l'étranger.

Qu'on se hâte, dès aujourd'hui, d'organiser non l'armée, mais la nation armée ! Jacques Bonhomme n'est pas avare de son sang ; il l'a souvent versé pour ses maîtres, et désormais il ne veut plus le répandre que pour la liberté. Oui, qu'on nous appelle ! nos bras et nos cœurs sont prêts. Jacques Bonhomme et ses fils, serrés l'un contre l'autre, courront aux frontières, en jetant vers le ciel le chant immortel :

« AMOUR SACRÉ DE LA PATRIE ! »

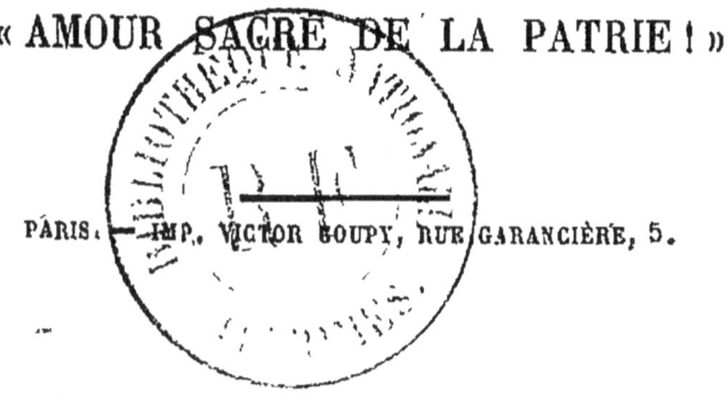

PARIS. — IMP. VICTOR GOUPY, RUE GARANCIÈRE, 5.